AF227295

Prix : 10 centimes

LE

16 MARS

PARIS

AMYOT, ÉDITEUR, 8, RUE DE LA PAIX

—

1874

LE 16 MARS !

I

Il y a dix-huit ans, le canon des Invalides annonçait à Paris et à la France qu'ils avaient un enfant de plus; un fils venait de naître à l'Empereur! Le pays tout entier tressaillit à cette nouvelle; le bourdon de nos cathédrales, les cloches de nos églises s'ébranlèrent; la joie éclata dans tous les cœurs; l'avenir était assuré!

La Providence avait choisi cette date, comme pour mieux marquer encore la protection dont elle couvrait la France.

Nous sortions victorieux d'une lutte gigantesque avec l'Empire russe; l'Alma, Inkermann, Malakoff, venaient d'effacer Waterloo et de rendre à nos drapeaux l'éclat d'Austerlitz et d'Iéna.

Les plénipotentiaires de l'Europe, assemblés en Congrès à Paris, signaient les traités de 1856, et déposaient dans le berceau de l'enfant, le plus beau cadeau qui pût être fait à la France : une paix glorieuse! Malgré cette grande guerre de

Crimée, les travaux de la paix s'étaient développés ; le commerce, l'industrie avaient pris un essor immense ; l'univers entier avait été convié à cette belle lutte pacifique de l'Exposition de 1855 ! La France était grande au dehors, prospère au dedans ; quatre ans à peine avaient suffi ! On bénissait cet homme qui, prenant résolûment en mains les intérêts de la société en péril, s'était courageusement mis à sa tête et l'avait sauvée !

Parisiens ! vous souvien-il de l'émotion qui nous gagna tous lorsque le bronze victorieux des Invalides nous annonça la grande nouvelle : « *L'Empereur a un Fils !* »

Vous souvient-il de cette foule, revêtant ses habits de fête et se portant en colonnes serrées vers le Palais où venait de naître l'héritier des Napoléon ? Elle voulait le voir, l'acclamer déjà, comme si elle pressentait que dix-huit ans après elle n'aurait plus d'espoir qu'en lui.

Ah ! la joie était grande alors, l'avenir était dégagé d'inquiétudes.

Nous sentions que l'œuvre de l'Empereur ne périrait pas ; et, que s'il ne pouvait pas la terminer, son fils après lui l'achèverait.

Nous savions enfin que si le malheur voulait que la France tombât encore bien bas un jour, cet enfant devenu homme serait là, et saurait se rendre à son appel.

II

Chaque nation a ses destinées; chacune des familles qui ont gouverné la France a eu les siennes; celle des Napoléon est depuis longtemps inscrite au livre du destin; deux fois déjà ils ont sauvé le pays, ils sauront bien le sauver une troisième.

Le 18 brumaire, Bonaparte voyait, malgré son immortelle campagne d'Italie, malgré ses innombrables victoires, la France menacée à l'intérieur par les factions et la coalition se reformer au dehors; il comprit son devoir, et n'hésita pas; il arracha la France aux ambitieux qui la perdaient; le pays l'acclama! Alors, il lui donna ces admirables institutions qui la régissent encore aujourd'hui, et qui sont la base de notre droit moderne; il lui donna l'ordre, le calme, la prospérité, rouvrit les églises, rappela les émigrés, et le siècle qui commençait vit la France plus belle qu'elle n'avait jamais été; sa gloire militaire fit pâlir celle des siècles passés; le monde en fut jaloux et l'Europe coalisée put seule renverser Napoléon!

L'homme disparut, mais le principe devait lui survivre.

Le 2 décembre 1851, Louis-Napoléon, élu chef de la nation par six millions de suffrages, voit le pouvoir que la France lui a remis menacé par une

Assemblée impuissante, divisée, sans force, sans autorité dans le pays ; le péril est extrême, l'inquiétude est partout ; dans les villes, de nouvelles journées de Juin ; dans les campagnes, la Jacquerie ; tel est l'avenir qui se prépare.

Louis-Napoléon fait le coup d'Etat, et le 3 décembre, la France respirait ! Comme Napoléon Iᵉʳ, il fait la France glorieuse et prospère ; comme lui, il tombe avec le pays, renversé par l'éiranger aidé d'abominables scélérats.

Aujourd'hui, même situation. La France s'énerve, languit ; le provisoire qui nous régit la tue ; l'autorité n'est même plus obéie (c'est elle-même qui le dit) ; le commerce se meurt ; l'industrie éteint ses fourneaux, arrête ses broches, ses métiers ; la misère est profonde, le malaise général, l'inquiétude est partout ; nous voulons encore nous faire des illusions, mais la réalité vient nous ouvrir les yeux. Et, sans un glorieux soldat dont l'épée nous protége que serions-nous demain ?

N'avons-nous donc plus d'espoir ? Tout est-il donc fini ?

Non ! Dieu ne l'a pas voulu ; et c'est pour cela que le 16 mars 1856 est né l'Enfant.

C'est un homme maintenant ; il nous sauvera ; demandons au ciel qu'il soit encore temps !

III

Pendant vingt années, Napoléon III nous a donné ce que nous n'avions jamais eu. Liberté et prospérité au dedans, grandeur et respect au dehors.

Nous eûmes toutes les gloires : celles des armes, celles de la paix. Nous avons écrit sur nos drapeaux : l'Alma, Inkermann, Sébastopol, Magenta, Solferino ; voilà pour les unes. Exposition de 1855, merveilles de 1867, voilà pour les autres.

Nous avons atteint une prospérité inouïe ; notre commerce a décuplé ; la fortune publique a pris des développements inespérés.

Pendant ces vingt années, les plus belles de notre histoire, dans les plus grandes villes comme dans les hameaux les plus humbles. l'usine, l'atelier ne pouvaient suffire aux travaux qui s'exécutaient de toutes parts,

Nous avons vu notre capitale transformée, embellie de monuments sans nombre, devenue sans rivale dans le monde.

Nous avons vu les traités de commerce donner à notre industrie et à notre agriculture des débouchés qui leur manquaient.

Nous avons été les arbitres du monde, comme Napoléon III était celui des Rois et des Empereurs.

Nous avons pu, à l'abri de cet admirable gouvernement, préparer l'épargne pour les mauvais jours. Et si aujourd'hui nous avons soldé cinq milliards à l'Allemand, n'oublions jamais que c'est l'Empire qui nous fit assez riches pour payer les folies de la République !

Pendant vingt ans heureux, confiants, sûrs du lendemain, nos yeux ne savaient plus ce que c'était que verser des larmes. Hélas ! nous devions n'en avoir bientôt plus assez pour pleurer ces deux belles provinces que l'infâme révolution nous a fait perdre.

Ne l'oublions jamais ; la guerre de 1870 eût pu être malheureuse ; sans le 4 septembre, elle n'eût jamais été un désastre !

IV

C'est entouré de l'auréole d'un tel passé que se présente aujourd'hui le Prince Impérial.

Il a dix-huit ans !

Les Constitutions qu'à deux fois huit millions de suffrages ont acclamées, le déclarent majeur.

Aujourd'hui, la loi le met parmi les hommes ; l'intelligence le rend digne de les gouverner.

Il est bien jeune, dit-on ; non, il n'est pas trop jeune !

Son âge est pour nous le meilleur garant de

l'avenir. Sans passé qui le lie, sans autre engagement que celui qu'il prend de faire le bonheur de son pays ; c'est une page blanche où tous les honnêtes gens peuvent venir s'inscrire, et faire le serment de travailler avec lui au relèvement de la Patrie. Tous les dévouements, d'où qu'ils viennent, il peut les accepter ; il n'aura qu'un but : effacer les traces de nos discordes et refaire la France ce que son père l'avait faite.

Il est trop jeune ! dites-vous.

Il est né, il a grandi pendant des années de joie et de prospérité ; depuis quatre ans, il souffre toutes les douleurs ; il a vu sa Patrie démembrée, son Père mourir des désastres de la France, l'exil lui interdire le sol de son pays ; il a traversé les épreuves les plus rudes qui puissent frapper un homme ; il a supporté tout, et vous voudriez qu'après avoir tant souffert, il soit trop jeune encore !

Le malheur est une rude école ! Ne l'oubliez pas !

Vous prétendriez qu'à dix-huit ans, un Napoléon est un enfant ! Songez donc à une chose : le nom seul de Napoléon vous fait homme avant l'âge !

Ah ! rappelons-nous que le ciel finit par se fatiguer, rappelons-nous qu'il y a dix-huit ans la Providence nous a montré le salut en nous donnant Louis-Eugène Napoléon. Sa tâche est finie aujourd'hui, à nous la nôtre maintenant.

Il est à nous ce jeune homme ; nous l'avons vu

grandir à nos côtés. Enfant, nous l'avons vu s'associer à nos gloires; homme, nous le voyons pleurer les mêmes larmes que nous.

Parisiens, vous rappelez-vous cette belle journée du 14 août 1859, où l'enfant d'alors, debout sur le cheval de son père, aux pieds de la colonne Vendôme, répondait aux acclamations enthousiastes de cette héroïque armée, qui, en six semaines, venait de délivrer l'Italie?

Vous rappelez-vous ces promenades quotidiennes du jeune prince? Du plus loin que nous l'apercevions nous nous pressions sur son passage; les hommes saluaient, les femmes agitaient leurs mouchoirs, les enfants envoyaient un baiser; c'était bien notre enfant à tous, c'était le fils de la France, c'était l'avenir!

Et vous, ouvriers, travailleurs, vous le rappelez-vous encore présidant ces fêtes enfantines où le palais de votre Empereur était ouvert à vos fils?

Et vous, exposants de 1867, vous n'avez pas oublié ce jour de la distribution des récompenses, où, après avoir couronné son père, il aidait l'Empereur à vous remettre ces médailles, digne prix de vos travaux.

Plus tard, au début de cette fatale guerre de 1870, il recevait héroïquement à Sarrebrück le baptême du feu; il n'avait que quatorze ans, et ne savait déjà plus ce que c'est que la peur !

Et, quand, chassé de son pays par la Révolution, il quittait pour l'exil le sol de la patrie, il n'avait qu'une pensée : « Pardonner aux émeutiers de septembre s'ils sauvent la France. »

Non, jamais tout cela ne s'oubliera ! Jamais la France ne sera ingrate; elle se souviendra combien elle fut heureuse pendant les vingt ans de l'Empire, qu'elle souffre depuis qu'il n'existe plus ! Elle se rappellera les crimes des hommes de Septembre. Ses enfants envoyés au feu sans armes, sans vêtements; les Bretons, mourant au camp de Conlie pour n'aimer pas assez la République; notre armée de l'Est oubliée par Jules Favre; nos soldats désarmés, ô honte sans excuse ! pour laisser des armes à cette foule inconsciente qui devait faire le Commune.

La France a trop souffert pendant ces six mois d'une dictature odieuse, elle en sent encore trop aujourd'hui les suites désastreuses pour ne pas repousser à tout jamais ces hommes indignes d'elle.

Maudits soient-ils donc à tout jamais, ceux dont la devise était : « Périsse la France, pourvu que la « République soit sauvée ! » Mais trêve à tout cela, le mal est fait. il faut le réparer.

Le Père sauva la France au Deux-Décembre, la replaça au premier rang des nations, et, pendant de longues années, lui donna l'ordre et la prospérité.

A côté de lui, la mère, l'Impératrice, cette digne compagne, cette femme héroïque, ajoutait un nouveau fleuron à cette couronne déjà si belle.

Nous l'avons vue, dès le premier jour, préférant une bonne œuvre aux frivolités de ce monde, transformer en une maison de bienfaisance les cadeaux que Paris voulait lui offrir.

Nous l'avons vue partout où il y avait une infortune à adoucir, une misère à secourir, oubliant qu'elle était la plus belle pour se rappeler seulement qu'elle devait être la meilleure.

Faisant peu de cas de sa vie, nous l'avons vue, à Amiens, affrontant une épouvantable épidémie, aller dans les hôpitaux, au chevet des cholériques, soulager ceux-ci, consoler ceux-là, donner de l'espoir aux autres, et ranimer par son exemple les courages abattus.

Ah! c'est qu'elle avait un grand cœur, et se rappelait ce que l'Empereur avait fait à Lyon, à Valence, sur la Loire, lorsqu'au milieu de maisons, s'écroulant, de dangers de toutes sortes, il allait porter lui-même des secours aux malheureux inondés.

Et tout cela pourrait s'oublier! Ah! jamais! Avec de tels exemples, avec un tel sang dans les veines, le Prince est à la hauteur de sa mission; il saura la remplir.

Le passé nous garantit de l'avenir! Français, nous nous souviendrons que l'Empereur a relevé l'honneur de notre drapeau; nous nous rappellerons ce qu'il a fait pour nous; nous l'aimions, nous aimerons son fils!

Chrétiens, nous, nous rappellerons nos cathédrales réparées, embellies, reconstruites, les secours sans nombre que son inépuisable bonté nous distribua.

Propriétaires, nous avons vu nos immeubles doubler de valeur, nos revenus s'accroître.

Industriels, commerçants, nous avons eu les traités de commerce et vingt années de prospérité.

Ouvriers, nous avons toujours sus travailler; nous avons sans trop de peine pu nourrir nos familles, élever nos enfants; et, la dépense de chaque jour prélevée, l'épargne s'augmentait; nous pouvions attendre les infirmités, la vieillesse, sans craindre l'horrible misère!

Voilà ce qu'a fait l'Empire!

V

Par des millions de voix, nous avons décidé qu'à dix-huit ans le Prince Impérial serait majeur!

Allons sur la terre anglaise déposer nos couronnes sur la tombe du Père et saluer les dix-huit ans de son Fils! Allons-y tous!

Propriétaires, commerçants, industriels, artisans, habitants de nos campagnes, vous qui devez tous quelque chose à l'Empire, venez avec nous en saluer le représentant!

Allons porter à nos Chers Exilés le tribut de notre reconnaissance et les vœux de la France entière!

Ce ne sera pas le bronze des Invalides qui tonnera ce jour-là; mais ce sera plus beau, ce sera le cri d'un peuple qui s'échappera de nos poitrines!

Qu'un unanime élan nous entraîne! Donnons au monde ce grand exemple d'hommes repoussant l'ingratitude comme une lâcheté, et le signe certain d'une décadence prochaine!

Et vous tous, qui pendant vingt ans avez servi l'Empereur, députés, sénateurs, ministres, magistrats, préfets, conseillers d'État, conseillers généraux, fonctionnaires de tout ordre, amis de toute condition unis dans une même pensée, allez payer la dette de vos cœurs!

Que cette manifestation toute pacifique soit imposante par le nombre et belle par la dignité!

Que toutes les classes de la société mues par le même sentiment y soient représentées!

Mais qu'on ne puisse voir en nous que des Fran

çais venant prier pour celui qui n'est plus et saluer celui qui le remplacera !

Nous irons affirmer notre foi, nos espérances, voilà tout !

Soumis à la volonté nationale, nous ne tenterons rien contre elle ; nous sommes trop certains de l'avenir et trop forts pour être impatients !

Nous sommes l'ordre et la liberté, nous ne l'oublierons jamais !

Que le 16 mars 1874 soit ce que fut le 16 mars 1856, un jour de joie et d'espoir !

Vous, qui ne pourrez vous joindre à nous, nous porterons là-bas l'expression de vos vœux et de vos regrets ; restés en France, vos souhaits nous accompagneront, car vous vous direz que nous accomplissons un grand acte, prélude d'une ère nouvelle de grandeur pour notre patrie !

Et vous, monseigneur, quand vous verrez arriver cette multitude, quand vous la verrez prosternée et pleurant sur la tombe de l'Empereur, vous vous expliquerez tant de dévouement ; vous vous direz que si nous aimions tant votre père, c'est qu'il nous aima beaucoup ; vous jurerez de travailler comme lui au bonheur de tous, et nous vous jurerons la même fidélité ! Fier du beau nom que vous portez, fortifié des exemples que vous avez sous les yeux ; instruit des conseils que l'Empereur vous a donnés,

éclairé par les enseignements qu'il vous a laissés
et toujours soutenu par l'amour de la patrie don
le souffle vous anime, vous aurez une grande e
glorieuse tâche à remplir : reprendre et continu
l'œuvre de votre dynastie.

Un Napoléon n'y faillira pas!

Février 1874.

FIN

www.ingramcontent.com/pod-product-compliance
Lightning Source LLC
Chambersburg PA
CBHW061238050726

47594CB00009B/3931